AF461181

REMONTRANCE A MONSEIGNEUR le Cardinal de Noailles, Archevêque de Paris, sur son Ordonnance portant condamnation de la Traduction du Nouveau Testament imprimé à Trevoux.

MONSEIGNEUR, ayant l'honneur d'estre connu de Vôtre Eminence depuis plus de trente années, elle ne doit pas trouver étrange que je m'adresse à elle-même pour me plaindre du peu de justice qui m'a esté renduë dans la procedure de son Ordonnance. Je n'appris pas plûtost, Mgr, que vous aviez resolu de condamner la traduction du N. T. imprimé à Trevoux, que je vous suppliay tres-humblement de ne pas condamner l'Auteur avant que de l'avoir entendu. N'ayant point eu de réponse à ma lettre, je pris la liberté d'en écrire une seconde à V. E. & enfin j'employay un de mes amis pour obtenir d'elle une audience où je pusse luy representer de ne pas me condamner sans m'entendre. Peut-on avec justice condamner un homme qui est present sans l'entendre sur les faits dont on l'accuse? j'aime mieux croire que mes lettres n'ont point esté renduës à V. E. Si elle m'avoit accordé la grace que je luy ay demandée & qui paroist si juste, je ne me serois point assurément trouvé coupable de toutes les choses dont elle me charge dans son Ordonnance.

Je suis premierement accusé de n'avoir pas eu pour les regles de l'Eglise tout le respect auquel j'étois obligé en qualité de Prestre. Cette accusation est fondée sur ce que j'ay osé publier une traduction du N. T. sans prendre la permission de l'Ordinaire, conformément à plusieurs Conciles de France avant & aprés le Concile de Trente. Je pourrois me défendre par l'exemple de quelques autres Traducteurs qui ont fait la même chose dans Paris sans qu'on leur en ait fait un crime: mais je veux bien avouër que je n'ay point ignoré les Decrets de ces Conciles, ausquels je n'aurois pas manqué d'obéir si j'avois eu part à l'impression de mon Ouvrage, bien que je sçusse que M. Arnaud dans sa Défense des Versions a pretendu que ces Decrets n'ayant point esté en usage dans le Royaume, ils ne sont point censez y faire loy. Je n'auray donc point recours aux Ordonnances de nos Rois, ni aux Arrests du Parlement de Paris avec ce fameux Docteur pour me justifier : je me contenteray d'exposer à V. E. la chose comme elle s'est passée. Il y a plus de cinq ans que je traitay avec un Libraire de Paris de quelques Ouvrages manuscrits. Dans la Transaction que je fis avec luy & dont je garde l'Original, il demeuroit chargé de tout ce qui regardoit l'impression du Livre, sans que je me mélasse d'aucune chose que de luy donner mon Manuscrit : en effet je n'y ay point eu d'autre part, si ce n'est que M. Bouret à qui le Manuscrit avoit esté remis pour l'approuver, souhaita aprés l'avoir lû & examiné pendant une année entiere, d'avoir quelque conference avec l'Auteur, ce que je fis ayant appris que ce Docteur estoit un homme d'une grande droiture, & qu'il faisoit une étude particuliere de l'Ecriture-sainte ; je le laissay le maistre de mon Ouvrage, qu'il remit luy-même au Libraire pour estre imprimé.

Il a esté necessaire, Mgr, que je fisse tout ce détail à V. E. afin de luy faire connoistre que si l'on n'a pas eu recours à l'Ordinaire, la faute ne doit pas tomber sur l'Auteur, mais sur le Libraire qui estoit seul chargé de cette affaire, & qui apparemment n'aura pas crû qu'elle fût absolument necessaire, voyant que ses voisins avoient imprimé plusieurs parties de la Bible en François, sans prendre cette permission. Il avoit devant ses yeux la traduction Françoise des Pseaumes que M. Dupin a publié. Par cet exposé sincere & qui est la verité même, toutes les accusations dont je suis chargé dans la premiere Partie de l'Ordonnance tombent d'elles-mêmes. S'il m'étoit permis de dire quelque chose à mon avantage pour répondre aux reproches personnels qu'on me fait dans cette premiere Partie, je pourrois marquer à V. E. que feu Mr l'Archevêque de Paris, vostre illustre Predecesseur, a bien voulu lire luy-même mes Ouvrages, nonobstant ses grandes occupations, souhaitant que je les fisse réimprimer à Paris. Ce Prelat qui aimoit les Personnes de lettres, nomma Mrs de Preulles & Dallo, Docteurs de la Maison

&

& Societé de Sorbonne, pour les revoir & luy en rendre compte ; il y joignit le P. Goudin, sçavant Religieux Dominiquain, qui estoit alors Prieur du Grand Convent de cet Ordre : je n'ay sçû qu'aprés la mort de cet illustre Archevêque, qu'outre ces trois sçavans Docteurs il avoit donné à lire ces mêmes Ouvrages à un autre Docteur habile dans les Langues & dans l'Ecriture, pour luy en rendre un compte exact dans la vûë de les reimprimer. Oserois-je encore vous dire, Mgr, qu'un des plus sçavans & des plus illustres Prelats du Royaume, qui a lû ma Version du N. T. & qui a fait dessus plusieurs remarques, m'a fait sçavoir qu'il souhaitoit que je travaillasse à une Version entiere de la Bible, & à une revision de mes Ouvrages Critiques pour les donner de nouveau au Public? Soyez persuadé, Mgr, que je n'avance rien sur ce sujet à V. E. dont je ne puisse luy donner de bonnes preuves.

Il est vray, comme vous le dites tres-bien, Mgr, qu'on peut appliquer à nostre temps ce que S. Jerôme disoit du sien : *Que les Medecins se meslent de la Medecine, que les Ouvriers traitent ce qui regarde leur métier, que la seule intelligence de l'Ecriture est le seul Art dont tout le monde se mesle.* Les frequentes versions de la Bible qu'on voit paroistre de jour en jour en sont des preuves convaincantes, aussi s'en trouve-t'il peu qui soient exactes, parce que ceux qui les entreprennent n'ont pas tous les secours qui sont necessaires pour cela ; n'ayant qu'une connoissance mediocre de la Langue latine, ils se meslent de traduire des Livres tres-difficiles à entendre, & pour lesquels il est encore necessaire de sçavoir parfaitement la Langue Grecque & la Langue Hebraïque. Graces à Dieu je me suis appliqué dés ma jeunesse à la connoissance de ces deux Langues, & j'ay cultivé avec soin depuis plus de quarante ans cette étude, en sorte que je ne crois pas qu'on puisse m'appliquer ce que V. E. ajoûte dans le même endroit aprés S. Jerôme : *Un Sophiste discoureur, toute sorte de gens ont la presomption d'expliquer l'Ecriture, ils la déchirent, ils l'enseignent avant que de l'avoir apprise.*

Estant persuadé que les grandes affaires dont V. E. est chargée ne luy ont pas permis de lire mon Ouvrage, je la supplie tres-humblement de ne pas trouver mauvais que je luy fasse connoistre en détail que celuy qu'elle a chargé de ce soin-là, m'attribuë un grand nombre de fautes dans lesquelles je ne suis point tombé, soit qu'il n'entende pas assez la matiere dont il est question, soit qu'il n'ait pas lû mon Livre avec assez d'application. Il avance que quoi-que l'Auteur de la Version imprimée à Trevoux, *asßure d'abord dans sa Preface qu'il veut suivre la Vulgate, il en parle neanmoins dans des termes qui font voir qu'il ne respecte ni cette Version, ni le Concile de Trente qui la declare autentique: car il ose dire que ce Decret n'a esté fait que pour le bon ordre & pour empêcher les broüilleries*, &c. & *il ajoûte* que la Vulgate a jetté quelques Interpretes dans l'erreur. *Est-ce honorer comme il faut un Decret qui porte en termes exprés que le S. Concile declare la Vulgate autentique parce qu'elle a esté approuvée par l'usage de tant de siecles*, longo tot sæculorum usu in ipsa Ecclesia probata, *& qui défend de la rejetter sous quelque pretexte que ce soit*, ut nemo illam rejicere quovis prætextu audeat vel præsumat?

Je crois avoir eu raison, Mgr, d'assurer dans ma Preface que j'ay voulu suivre la Vulgate, puisque non seulement je l'ay suivie, mais que je la défens encore dans mes Notes d'une maniere forte par un grand nombre d'exemplaires grecs, & par l'autorité des Versions Orientales contre la plûpart des Protestans qui la regardent comme une Version qui n'est point conforme à l'Original grec. De plus je ne crains point qu'on puisse me reprocher avec fondement que je n'ay point respecté cette ancienne Version ni le S. Concile de Trente. Ceux qui ont lû mes Histoires Critiques y auront trouvé des preuves manifestes du contraire, car j'y ay pris la défense du Decret de ce S. Concile touchant la Vulgate contre Frà Paolo, & quelques Protestans. J'y ay montré avec évidence la sagesse de ces Evêques en composant ce Decret.

Il est à propos, Mgr, que V. E. sçache que celuy qui a fait l'extrait des paroles de ma Preface rapportées dans l'Ordonnance, n'en a produit que la moitié, & qu'il les a même estropiées, afin de me faire dire des choses ausquelles je n'ay jamais pensé. Quand il vous plaira de lire vous-même la page 5. de cette Preface, & de la compa-

rer

rer avec le Decret du Concile, vous trouverez que je n'ay rien avancé qui n'y soit entierement conforme. Voicy ce que j'y dis : *Lorsque les Evéques assemblez à Trente ont fait ce Decret, ils n'ont eu en vûë que d'établir plus fortement l'Edition Latine dont on se servoit depuis tant de siecles dans les Eglises d'Occident*, ce qui répond à ces paroles du Concile : *Statuit & declarat ut hæc ipsa vetus & vulgata editio quæ longo tot sæculorum usu in ipsa Ecclesia probata est*, &c. J'ay ajoûté quelques lignes aprés dans la même page ces autres paroles : *Le Decret des Peres du Concile de Trente n'a esté fait que pour le bon ordre & pour empêcher toutes les broüilleries qu'auroient pû apporter les differentes Versions, si chacun estoit le maistre d'en faire une nouvelle ou de retoucher l'ancienne selon sa fantaisie.* Ce qui n'est qu'une paraphrase ou explication de ce que dit le Concile au même endroit : *Sacrosancta Synodus considerans non parum utilitatis accedere posse Ecclesiæ Dei, si in omnibus Latinis Editionibus quæ circunferuntur, sacrorum librorum quænam pro autentica habenda sit, innotescat.*

Vostre Eminence n'ignore pas qu'on estoit alors fort partagé sur le choix qu'on devoit faire pour avoir une bonne Bible latine : quelques-uns croyoient qu'il estoit à propos d'en avoir une qui fust entierement faite sur l'original comme estoit celle de Pagnin, d'autres vouloient qu'on retouchast l'ancienne dans les endroits seulement où elle n'est point conforme à l'original. Isidorus Clarus a donné une Bible latine selon cette idée : les plus judicieux estoient persuadez qu'il faloit garder l'ancienne édition latine qui estoit en usage depuis tant de siecles dans toutes les Eglises d'Occident. D'autre part les Protestans qui ne recevoient pour leur regle que la seule Ecriture, faisoient fort valoir leurs nouvelles traductions sur l'Hebreu & sur le Grec. Comme ces differentes Versions causoient de la broüillerie & des disputes dans l'Eglise, on arresta tres-sagement dans le Concile que l'ancienne édition latine seroit seule declarée autentique, ce qui sans doute a apporté un tres-bon ordre dans l'Eglise ; j'ay montré ailleurs que de tres-sçavans Protestans ont approuvé ce Decret du Concile de Trente.

Je

Je ne puis m'empêcher, Mgr, de témoigner à V. E. que j'ay esté surpris de lire dans son Ordonnance que j'ay dit dans ma Preface, *que la Vulgate a jetté quelques-uns dans l'erreur*, & même ces mots y sont imprimez en lettres italiques, comme si c'étoient mes propres paroles : cependant il y a dans ma Preface page 18. *Le latin de nostre Vulgate a jetté dans l'erreur non seulement quelques-uns de nos Traducteurs François, mais aussi plusieurs Protestans, qui faute d'avoir une connoissance assez étenduë de la Langue latine, ont accusé l'ancien Interprete de l'Eglise de s'estre éloigné de l'original grec ; mais les plus habiles d'entre eux luy ont souvent rendu justice.* Bien loin d'accuser la Vulgate, je la justifie, montrant que le latin de cette ancienne Version estant obscur & ambigu en plusieurs endroits, quelques Interpretes qui n'ont pas eu une connoissance assez étenduë de la Langue latine, & qui n'ont pas pû recourir aux originaux, se sont quelquefois trompez ; j'en ay donné des exemples, & j'ay fait voir en même temps aux Protestans qu'ils ont accusé trop legerement l'ancien Interprete de l'Eglise ; je leur ay opposé un savant Ecrivain de leur party, qui a pris la défense de cet Interprete contre quelques-uns des siens, il leur fait sentir que l'Auteur de la Vulgate n'est pas barbare pour ne parler point le latin de Ciceron, mais celuy de son siecle : * *Qui versionem eam confecit, sacras litteras ex sere dialecto expressit, quæ ipsius ætate obtinuit.*

Je n'ay rien dit du latin de la Vulgate que les plus anciens Docteurs de l'Eglise n'ayent aussi dit de l'ancienne édition latine qui estoit en usage de leur temps : c'est ce qu'on peut voir dans les Commentaires de St Hilaire sur les Pseaumes, il est quelquefois obligé d'avoir recours à la Version grecque pour ôter l'obscurité & l'ambiguité des expressions latines. S. Augustin a aussi éprouvé souvent cette obscurité dans l'ancienne édition latine, & il a esté convaincu que pour bien entendre l'Ecriture il faloit sçavoir la Langue hebraique & la Langue grecque. Je dis plus, Mgr, ces anciens Docteurs de l'Eglise qui croyoient que la Version des Septante avoit esté inspirée, ne laissoient pas d'avouër que le Grec en

* *Jo. Vorst. Diatr. de Adag. N. Test.*

estoit

estoit obscur, en sorte qu'ils estoient obligez d'avoir recours aux Versions d'Aquila, de Theodosion & de Symmaque. Ils disent souvent dans leurs explications que ces autres Traducteurs sont plus clairs, ils demeurent d'accord que ces expressions ambiguës & obscures ont donné quelquefois occasion aux Interpretes de l'Ecriture de se tromper. Accusent-ils pour cela les anciennes Versions qui estoient en usage dans l'Eglise Grecque & dans la Latine ? nullement, mais ils tâchent de les rendre intelligibles, ayant recours aux originaux ou à d'autres Versions plus claires.

Je souhaiterois, Mgr, de n'estre pas obligé de marquer à V. E. que je suis accusé sans aucun fondement d'avoir fait paroître dans mon Ouvrage une presomption insuportable; c'est de la sorte qu'on parle de l'Auteur de la Version de Trevoux dans l'Ordonnance. *Il s'éleve avec une presomption insuportable au dessus de tous ceux qui ont traduit de nos jours le N. T. il ne craint pas même de se donner cet air de superiorité sur les SS. Peres, S. Chrysostome, S. Jerôme & sur tous les Interpretes anciens & nouveaux, disant nettement qu'il n'a lû aucun Traducteur qui ait exprimé parfaitement le sens du ℣. 3. Chap. 9. de l'Epître aux Romains, en quoy il viole de son propre aveu le Decret du Concile de Trente, qui défend d'interpreter l'Ecriture contre le sentiment unanime des Saints, & fait paroître par sa vanité qu'il n'a pas esté conduit par l'Esprit qui a dicté le Livre dont il a entrepris la traduction.*

Il y a sans doute, Mgr, quelque chose qui n'est pas assez expliqué dans l'extrait que je viens de produire touchant le Concile de Trente; V. E. qui sçait parfaitement les Decrets de ce Concile, ne luy auroit pas attribué un sentiment qu'il n'a point autorisé. Le Decret dont il est question est restraint aux matieres qui regardent la foy & les meurs, *in rebus fidei & morum*. Or dans le Verset 3. Chap. 9. de l'Epître aux Romains il ne s'agit que du sens qu'on doit donner à la proposition grecque ἀπὸ & par consequent d'un fait de pure Grammaire. Dans ces sortes de faits, il est permis aux nouveaux Commentateurs de s'éloigner des Peres lorsqu'ils trouvent des explications plus litterales, & c'est ce que j'ay crû pouvoir faire dans l'endroit dont il s'agit. Le Cardinal Palavicin qui a traité cette matiere fort au long dans son Histoire du Concile, dit en termes formels que le Concile n'a prescrit aucune loy nouvelle pour expliquer la parole de Dieu, mais qu'il a declaré heretique ce qui avoit esté toûjours estimé heretique par les Peres, par les Papes, & par les Conciles. * *Il Concilio non prescrisse ò restrinse con legge nuova il modo d'intendere la parola di Dio mà dichiaro per illecito & per ereticale cio che era tale di sua natura & per tale sempre riputato & dichiarato da Padri da Pontifici & da Concilii.* Ce Cardinal ajoûte que si l'on excepte les matieres qui regardent la foy & les mœurs où l'on est obligé de ne point abandonner le consentement unanime des Peres, les Commentateurs ont toute liberté d'exercer leurs talens dans leurs explications : *Rimane un larghissimo campo discercitar l'ingegno ne comenti della Scriptura, benche nelle materie di fede over di costumi non sia lecito dabbandonare quelle interpretazioni che da tutta la schiera de Padri furo abbraciate.* Il dit enfin pour appuyer davantage son sentiment que cela se prouve par l'exemple de tous les Commentateurs Catholiques qui ont publié leurs Commentaires depuis le Decret du Concile, lesquels se sont rendus illustres tant par leurs nouvelles interpretations que par leur érudition. *Felice esempio di cio sono tutti scrittori catolici spositori delle divine lettere dopo il Decreto del Concilio quali diventarono illustri non meno per invenzione que per eruditione in commentarle.*

C'est sur ce principe que j'ay pris la liberté d'interpreter quelques endroits de l'Ecriture où il ne s'agissoit ni de la foy ni des mœurs d'une autre maniere que les Peres, lorsque j'ay crû que mes explications estoient plus litterales.

Enfin, Mgr, bien loin de m'estre élevé au dessus de tous ceux qui ont traduit de nos jours le N. T. je reconnois dés le commencement de ma Preface que j'ay profité de leurs lumieres; il est vray que j'ay ajoûté en même tems qu'il seroit à souhaiter que ces sçavans Traducteurs eussent eu une plus grande connoissance des Langues Orientales & de ce qui appartient à la Critique, mais je

* *Palav. Hist. du Conc. liv. 6. ch. 18.*

ne

ne me suis pas pour cela élevé au dessus d'eux. Un pigmée monté sur les épaules d'un geant voit plus loin que le geant, il n'est pas pour cela plus grand que luy.

Je crois, Mgr, estre obligé de representer à V. E. avec tout le respect que je luy dois, que quand j'ay exprimé ces paroles, *Hoc est Corpus meum*, *hic est Sanguis meus*, par celles-cy, *C'est-là mon Corps*, *c'est-là mon Sang*, je n'ay nullement paraphrasé ni *mis mon sens à la place de celuy qu'elles ont naturellement*; j'ay crû au contraire les traduire plus à la lettre qu'elles ne l'ont esté jusqu'à present & d'une maniere plus propre à convaincre les heretiques, non seulement de la réalité du Corps & du Sang de J. C. dans l'Eucharistie, mais aussi de la Transsubstantiation. De plus m'étant proposé de m'attacher entierement à la Vulgate, je ne pouvois exprimer à la lettre *Hic est Sanguis meus* par *cecy est mon Sang*; car pour traduire de la sorte il faudroit lire *Hoc est Sanguis meus*. Cela estant, Mgr, il est évident que l'ancien Interprete de l'Eglise a pris *Hic* pour un pronom demonstratif, & qu'on doit par consequent dire la même chose du pronom *Hoc*, dans *Hoc est Corpus meum*. D'où il resulte necessairement qu'il faut traduire, *C'est-là mon Corps*, *c'est-là mon Sang*, puisque le pronom demonstratif ne se peut veritablement traduire d'une autre maniere. Ce qui fortifie encore cette traduction, c'est que le pronom grec τοῦτο qui se trouve en ce même sens dans la Version des Septante, répond au mot Hebreu *hinne*, qui signifie *voila*.

Les paroles de J. C. qui regardent la Consecration de l'Eucharistie estant d'une tres-grande importance pour convaincre les heretiques, je suis persuadé, Mgr, que V. E. ne trouvera pas mauvais que je sois entré dans tout ce détail. Si elle avoit eu la bonté de m'écouter, elle n'auroit peut estre pas mis dans son Ordonnance : *Ce nouveau Traducteur voulant corriger tous les autres, & oubliant la religion avec laquelle il devoit traiter une matiere si importante aussi-bien que la fidelité qu'il devoit au texte, plus hardy en cela que les Protestans mêmes, ose mettre*, C'est-là mon Corps, c'est-là mon Sang. *Outre la nouveauté toûjours condamnable dans les expressions consacrées par l'usage, & qui regardent les Mysteres, il est constant que cette traduction*

ction n'exprime pas la foy de l'Eglise contre les Lutheriens si nettement que celle-cy, Cecy est mon Corps, cecy est mon Sang.

V. E. a pû voir par tout ce que je luy ay rapporté, que j'ay gardé avec beaucoup de religion les paroles de la Vulgate consacrées par l'usage d'un grand nombre de siecles; car ce sont proprement les mots latins de nostre Vulgate qu'on doit nommer *consacrées* & non pas ceux des Traducteurs François, puisqu'on ne fait point l'Office en nostre Langue dans aucune Eglise; ceux-cy même ont varié, car les uns traduisent *C'est mon Corps*, les autres *Cecy est mon Corps*, d'autres *C'est icy mon Corps*, & quelques-uns *C'est-là mon Corps.* Mrs de P. R. & le P. Amelotte qui dans S. Matthieu ont traduit *Cecy est mon Sang*, traduisent dans l'Epistre aux Heb. Chap. 9. ℣. 20. *C'est le Sang.* Le Pere Mauduit de l'Oratoire a traduit *C'est icy mon Corps, c'est icy mon Sang*, & quelquefois même *C'est-là mon Corps.* Je trouve aussi *C'est-là mon Corps*, dans un petit Ouvrage d'un sçavant Jesuite imprimé à Trévoux l'année derniere, & ainsi les peuples ne seront pas troublez de lire dans ma nouvelle traduction *C'est-là mon Corps*: sur tout si on leur apprend la force de cette expression par d'autres semblables. Le Pere Mauduit ne s'est pas contenté de traduire *C'est icy mon Corps*, il a fait une sçavante Dissertation pour justifier sa traduction, & il prouve par plusieurs raisons qu'on ne doit point traduire *Cecy est mon Corps*: son Ouvrage a esté approuvé par cinq celebres Docteurs à la teste desquels est M. l'Abbé Pirot, celuy-cy a revû en particulier la Dissertation où l'on montre qu'on ne doit point traduire *Cecy est mon Corps*, avant que l'Auteur la donnât au Public.

Pour ce qui est des Protestans, Mgr, ils n'ont eu garde de traduire avec nostre Vulgate, *C'est-là mon Corps, c'est-là mon Sang*, parce qu'ils voyoient que cette interpretation est favorable à la Transsubstantiation. Beze en demeure d'accord dans ses Notes sur le Chap. 26. de S. Mathieu ℣. 28. où il reprend nostre Vulgate & Erasme qui ont traduit *Hic est Sanguis meus.* Entre les Ecrivains Lutheriens je n'ay vû qu'Illyricus qui ait prétendu que *hoc* & *hic* sont en ce lieu-là des pronoms demonstratifs, d'où il prouve contre Beze que le Corps & le Sang de

J.

J. C. sont réellement dans l'Eucharistie ; mais il devoit inferer de-là en même temps que le pain & le vin sont changez veritablement au Corps & au Sang de J. C. J'ajoûteray à ce fameux Lutherien Jean Bois sçavant Critique de la Communion des Episcopaux d'Angleterre qui appuye l'interpretation de la Vulgate & d'Erasme, tant la verité a de force sur les esprits qui ne sont point préoccupez. Luc de Bruges, Mgr, qui est également sçavant dans la Critique & dans la Theologie, confirme au long tout ce que je viens d'exposer à V. E. & il refute en même temps solidement tout ce que les Calvinistes opposent à l'ancien Interprete latin, afin d'appuyer cette Version qu'ils ont adopté *Cecy est mon Corps*, parce qu'elle leur est favorable. Jansenius Evêque d'Ypres marchant sur les traces de ce sçavant Commentateur, prouve aussi fort au long sur le ℣. 26. du Chap. 26. de S. Matth. qu'il faut traduire, *C'est-là mon Corps*, *c'est-là mon Sang*, & non, comme on traduit communément, *Cecy est mon Corps*, *cecy est mon Sang*. La raison qu'il en apporte c'est que *hoc* n'est point un substantif, mais un adjectif. Loin de croire que *Cecy est mon Corps* soit une locution consacrée par un long usage, il juge que cet usage vient de ce que la pluspart des Theologiens ont suivi trop facilement S. Thomas qui semble avoir crû que *hoc* est en ce lieu-cy un substantif, mais il prétend que cette opinion commune ne s'accorde point avec nostre Vulgate, ni même avec le texte de l'Evangeliste. Voicy, Mgr, les propres paroles de Jansenius ausquels je supplie V. E. de faire attention, parce qu'elles fortifient ma Version & ma Note : *Illud* hoc *non est substantivum quasi significans individuum vagum, ut videtur putasse D. Thomas qui istius opinionis multis sequentibus causa fuit, sed certum est juxta mentem Interpretis nostri & Evangelistæ esse adjectivum conveniens cum suo substantivo quod sequitur* Corpus. *Patet hoc manifestè ex forma Calicis ubi non dicitur* hoc, *sed* hic est Sanguis, &c. Il fait la même reflexion, Mgr, sur le ℣. 28. où il y a dans nostre Vulgate, *Hic est enim Sanguis meus.* Il y observe judicieusement que *hic* est un pronom qui s'accorde avec *Sanguis*, comme *hoc* convient avec *Corpus*, & il remarque enfin que J. C. fait allusion à ces paroles

roles de l'Exode, *Hic est Sanguis fœderis*, que M. de Sacy a traduites : *Voicy le Sang de l'alliance.* Or cette expression *voicy* est la même chose que *c'est-là* : aussi ce Traducteur se sert-il indifferemment de l'une & de l'autre ; par exemple au Chap. 9. de la Genese ℣. 17. où nous lisons dans nostre Vulgate, *hoc erit signum fœderis*, il a traduit, *ce sera là le signe de l'alliance.*

Il est vray, Mgr, que dans mes Notes j'ay souvent recours à un sens mystique & sublime appellé *deras* par les Juifs ; je n'ay pas prétendu pour cela affoiblir le sens litteral & historique lorsqu'il se presente, parce que je suppose avec les plus anciens Docteurs de l'Eglise & les plus sçavans Commentateurs de nostre temps que ces deux sens sont veritables. Ils étoient reçûs parmi les Juifs au temps de J. C. & des Apostres qui se servent souvent du sens mystique & sublime pour établir les veritez de la Religion Chrétienne. L'on doit supposer que ce second sens est ordinairement fondé sur de bonnes traditions ; & c'est pour cette raison que dans l'explication de plusieurs passages les Juifs & les Chrétiens s'accordent entre eux, les entendant également du Messie, bien qu'ils ne semblent pas quelquefois luy convenir selon le sens purement litteral. A moins qu'on ne suppose ces deux sens, il est tres-difficile de bien répondre aux objections que les Juifs font contre les Livres du N. T. où les Evangelistes & les Apostres expliquent souvent d'une maniere allegorique & sublime les Passages qu'ils citent de l'Ancien. S. Paul dans son Epistre aux Hebreux se sert presque par tout de ces sortes d'interpretations secretes & mystiques de l'Ecriture à l'imitation des Pharisiens ; c'est pourquoy ceux qui ont voulu rejetter cette Epistre, sous pretexte que l'Auteur suivoit trop les sens sublimes & allegoriques, ont tres-mal raisonné : j'avouë cependant que ces sens sublimes ne doivent point détruire ni affoiblir le sens naturel & litteral ; c'est un excés dans lequel Origene s'est quelquefois jetté.

Il semble, Mgr, que V. E. veuïlle m'accuser d'estre favorable aux Pelagiens, lorsqu'elle dit parlant du Traducteur de Trevoux, *quoy-que la Vulgate porte Jean 15. 5. Sine me nihil potestis facere, il traduit :* Vous ne pouvez rien

rien faire étant separez de moy, *diminuant ainsi la force de l'argument que S. Augustin, & aprés luy tous les Catholiques tirent de ce Passage, pour établir contre les Pelagiens la necessité absoluë de la grace actuelle dans toutes les actions qui ont rapport au salut.*

Bien loin, Mgr, d'avoir voulu affoiblir ce Passage en traduisant *sine* comme j'ay fait, mon dessein a esté de marquer plus fortement la veritable signification de la particule qui est dans le Grec. N'estre point separé de J. C. n'est autre chose en ce lieu-cy que d'estre uni à luy: tout ce qui precede aussi-bien que ce qui suit, marque cela évidemment; la comparaison de la vigne & de ses branches appuyent mon interpretation, car tant que les branches ne sont point separées du corps de la vigne, elles en reçoivent leur nourriture. C'est par rapport à cette comparaison que Gagney a tres-bien exprimé le sens de ce Verset dans sa Scholie, où il dit : *Qui per hæresim & infidelitatem à vera vita Christo se disjungit, ut inutilis palmes in ignem mittetur & ardebit; semel enim à vite palmes abscissus succum à vite recipere non potest: ita neque fide à Christo dissociati Spiritus sancti succum & gratiam, unde illis spiritualis gratia est.* Il n'y a pas apparence que ce Docteur de Paris que j'ay suivi & qui estoit sçavant dans la Langue grecque & dans la Theologie, ait voulu affoiblir les paroles de J. C. en faveur des Pelagiens.

Pour ce qui est, Mgr, de la particule grecque χωρὶς, elle est traduite indifferemment en differens endroits de nostre Vulgate: je crois l'avoir bien exprimé en celuy-cy dans ma version par *étant separée.* Beze un des plus zelez défenseurs de la grace efficace par elle-même Calviniste, & qui par consequent ne peut estre suspect en ce lieu-cy, ne s'est pas contenté de traduire *seorsim à me nihil potestis facere:* il a aussi repris dans sa Note la Vulgate & Erasme qui ont traduit *sine me:* la raison qu'il apporte de sa Censure, c'est que *sine* selon luy ne marque qu'un simple concours & non pas une influence continuelle; mais j'ay crû qu'on pouvoit fort bien donner à la particule *sine* la même signification qu'à *seorsim* par rapport au mot grec, selon cette observation qui vient d'un homme habile dans

la

la Langue grecque & exercé dans les disputes de la grace. J'ay fortifié par ma traduction l'argument que S. Augustin tire de ce passage, pour établir contre les Pelagiens la necessité absoluë de la grace actuelle.

Je viens, Mgr, avec la permission de V. E. à la remarque suivante où vous dites du Traducteur de Trevoux : *Il entreprend par une hardiesse sans exemple d'adoucir de certaines expressions qui luy paroissent trop fortes, & ne fait pas difficulté pour cela d'alterer le texte. Il traduit le ℣. 26. du Chap.14. de S. Luc qui porte : Si quis veniat ad me & non odit patrem suum, &c.* Si quelqu'un vient à moy & aime son pere &c. plus que moy, *& le ℣.13. Chap.9. de l'Epistre aux Romains, où l'Apostre rapporte les paroles de Malachie, Jacob dilexi, Esau autem odio habui :* J'ay plus aimé Jacob qu'Esau. *Tout le monde voit que ce n'est point traduire mais expliquer & même alterer le texte.*

Je vous prie de considerer, Mgr, que le sens litteral peut estre de deux manieres, sçavoir comme simplement litteral, & comme litteral purement grammatical, c'est-à-dire, qui est mot pour mot, & par consequent quelquefois inintelligible. Mrs de P. R. font souvent cette distinction dans leur Version du N. T. Pour marquer ce sens purement litteral grammatical, ils mettent en Note la lettre *L*, & ils mettent dans le texte de leur Traduction, l'autre sens litteral ; c'est ce que j'ay pratiqué en plusieurs endroits, & particulierement dans ceux que V. E. vient d'observer ; par exemple, au Chap. 14. de S. Luc ℣. 26. où j'ay traduit : *Si quelqu'un vient à moy & qu'il aime son pere & sa mere plus que moy* : j'ay mis dans la Note L. *& ne hait son pere ; mais le mot de* haïr *ne se doit pas prendre icy à la rigueur, mais selon ce qu'on lit dans S. Mathieu Chap. 10. ℣. 37. & il n'a pas d'autre sens en plusieurs endroits tant du vieil que du nouveau Testament.* En effet au lieu de ce qui est dans S. Luc, on lit dans S. Mathieu Ch. 10. ℣.37. *Celuy qui aime son pere ou sa mere plus que moy.* C'est principalement sur le parallele de ces deux Evangelistes que je me suis appuyé pour renvoyer à la Note le mot de *haïr*, qui m'a paru avoir quelque chose de trop fort, Dieu nous commandant d'aimer & d'honorer pere & mere.

Il en est de même, Mgr, du ℣. 13. Ch. 9. de l'Epistre aux Romains

Romains où je ne crois pas avoir alteré le texte de Saint Paul, ayant pour garands les plus sçavans Commentateurs & les plus habiles Critiques. Je mets à leur teste Mr Huré que V. E. a employé pour travailler à une nouvelle Version Françoise du N. T. Dans un Recueil de Canons ou Regles de l'Ecriture sainte qu'il a publiées en latin à Paris l'année 1696. il y établit cette regle p. 187. & 188. *Verba affirmativa pro contrariis negantibus quandoque ponuntur eo sensu, ut per epithasim seu exaggerationem minùs intelligatur quàm significetur.* Le premier exemple qu'il donne de cette figure appellée *Epithase* ou *Exaggeration*, c'est le verbe *odisse*, qui se prend, dit-il, pour *minùs amare*; & il cite là-dessus Luc. 14. 26. Luc. 16. 13. & Rome 9. 13. en sorte que selon luy ces paroles de Saint Paul, *J'ay aimé Jacob & j'ay hay Esau*, signifient, *J'ay preferé Jacob à Esau que j'ay moins aimé*, ne voulant point accorder à sa posterité les mêmes bienfaits que j'ay accordé à la posterité de Jacob.

Cette remarque de Mr Huré a esté prise du Commentaire d'Estius; ce sçavant Theologien qui ne peut pas estre suspect à V. E. dit en termes formels sur ces paroles de S. Paul, *Jacob dilexi, Esau autem odio habui*, qu'elles signifient, *J'ay plus aimé Jacob qu'Esau*, en donnant plus de biens temporels au premier, c'est-à-dire, à sa posterité, quoi-qu'ils fussent freres jumeaux, & qu'il semblast qu'Esau dût estre preferé à cause de son droit d'aînesse. Il ajoûte ensuite que ce sens est le sens litteral des paroles du Prophete Malachie, *Hic sensus est litteralis verborum Prophetæ*, & que l'Apôtre s'est servi en ce lieu cy d'un sens mystique & spirituel.

Comme ce passage de l'Epître aux Romains est d'une grande importance, Mgr, je supplie V. E. de me pardonner si j'ajoûte encore deux mots tirez d'Estius; ce sçavant Commentateur combat au même endroit l'explication de ceux qui font venir icy la masse corrompuë & haissable dans laquelle Esau estoit compris. Il est, dit-il, évident par toute la suite du discours de l'Apôtre qu'il ne parle point de cette masse corrompuë par le peché originel. *Liquet Apostolum non supponere in hac sua disputatione massam corruptam, hæc enim suppositio pugnat*

cum

cum verbis Apostoli jam dictis. Estius raporte plusieurs autres choses là-dessus que je passe sous silence, parce que je sçay que V. E. a lû exactement ce sçavant Commentateur qui conclut enfin que ce qui est dit de la haine que Dieu a eu pour Esau ne regarde nullement sa reprobation, mais qu'il le faut entendre conformément à la pensée du Prophete Malachie, de la posterité d'Esau, qui a esté rejettée de Dieu, pour ce qui estoit des biens temporels.

Plusieurs autres sçavans Commentateurs, Mgr, ont remarqué la même chose qu'Estius. Le Cardinal Tolet & Salmeron sont de ce nombre. Celuy-cy dans ses disputes sur l'Epître aux Romains en a fait une exprés, intitulée *De modis diligendi & odio habendi*, où il explique ce que signifient dans l'Ecriture les mots d'*aimer* & de *haïr*. Il rapporte d'abord les paroles du Prophete Malachie, où il est dit que Dieu a aimé Jacob & qu'il a haï Esau; ce qui signifie selon luy, qu'il a plus aimé Jacob qu'Esau, parce qu'il avoit promis au premier & à sa posterité la Loy & les Prophetes, & un meilleur Païs : *Dilexit ergo plus Jacob quàm Esau, quia illi & semini suo promisit Legem & Prophetas & meliorem terram.* Salmeron prouve ensuite par plusieurs exemples que Dieu ne hait pas ceux qu'il aime moins; d'où il infere que l'Ecriture qui s'accommode à nos usages se sert du terme de *haïr* au lieu de *moins aimer*, à l'imitation des enfans qui disent que leur pere les hait s'il les aime moins que leurs autres freres, & qu'ainsi le mot de *haïr* à l'égard d'Esau signifie à la lettre *moins aimer*, parce qu'il avoit reçû de Dieu moins de bienfaits que Jacob son frere : *Metaphoricè sumitur illud odio haberi pro eo quod est minùs diligi : solent enim Scripturæ se nostris existimationibus accommodare, &c.* Le même Salmeron éclaircit cette locution qui se trouve dans S. Paul tirée de Malachie par plusieurs autres semblables qui sont répanduës dans le N. T. & il remarque judicieusement que dans S. Luc Chap. 14. ℣. 26. Jesus-Christ ne commande pas proprement de haïr son pere ou sa mere, puisqu'il y a au contraire un Commandement particulier de les honorer & de les aimer : ainsi *haïr* se prend en ce ce lieu-là pour *aimer moins* ; en ſorte que le ſens eſt qu'il faut plus aimer Jeſus-Chriſt que ſes propres parens : *Quo in loco propriè non præcipit Dominus odio haberi patrem & matrem, quos peculiari præcepto honorari ac diligi mandavit, ſed per odii vocem metaphoricè ſumptam ſignificavit minorem dilectionem parentibus exhibendam, majorem autem Chriſto ; ſicut & alio loco dixit : Qui amat patrem, &c.*

V. E. ſe plaint encore, Mgr, de ce que non ſeulement je ne rends pas avec la fidelité que doit avoir un Traducteur le veritable ſens des paroles, mais que je luy en donne un tout contraire ; elle apporte pour exemple le premier Chapitre de la ſeconde aux Corinthiens, ℣. 9. où je traduis, *Ipſi in nobis reſponſum mortis habuimus :* Nous avons eu en nous-mêmes une aſſurance de ne point mourir ; ce qui eſt, dites-vous, Mgr, entierement oppoſé au ſens naturel de ces paroles, & à l'explication que tous les Interpretes leur ont donné.

J'ay crû, Mgr, avoir expliqué ſuffiſamment dans ma Note la raiſon que j'ay eu de traduire de la ſorte le mot de *reſponſum* qui eſt dans la Vulgate & qui répond au mot grec ἀπόκριμα. Voicy la Note L. *La réponſe de la mort, ce qu'on entend ordinairement d'un Arreſt ou d'une Sentence de mort, comme ſi leur Sentence avoit déja eſté prononcée ; mais la ſuite du diſcours inſinuë que le mot de réponſe ſignifie icy caution, ou comme nous diſons, un Répondant, Dieu les ayant aſſurez interieurement qu'il les tireroit de ce danger.* Je ne ſuis point l'Auteur de cette interpretation, elle ſe trouve appuyée & expliquée fort au long par Heinſius, qui a eſté un des plus ſçavans Critiques du dernier ſiecle, ainſi ce n'eſt point une nouveauté. Il me paroiſſoit tres-difficile, Mgr, d'accorder ces paroles, *ſed ipſi in nobis, &c.* avec ce qui precede à cauſe de la particule adverſative *mais*, que le P. Amelote a changée en la particule conjonctive *&*. Il me ſembloit que S. Paul repreſentoit aux Corinthiens que quelques grands qu'euſſent eſté les maux qu'il avoit ſouffert, Dieu l'avoit toûjours ſecouru & conſolé dans ſes afflictions.

Le deſſein de mes Notes, Mgr, eſtant principalement de m'attacher au ſens litteral, il n'eſt pas ſurprenant de n'y pas trouver des explications qui regardent la Theologie. Je me ſuis aſſez declaré là-deſſus dans ma Preface. Si V. E. y avoit fait reflexion, peut-eſtre n'auroit-elle pas dit, en parlant du Traducteur de Trevoux: *Il affoiblit tellement les Paſſages qui établiſſent clairement & invinciblement le dogme de la Foy, par des Articles importans, que les Heretiques qui les combattent, peuvent s'accommoder de ſes Notes; il y en a de cette ſorte ſur le peché originel, ſur la predeſtination, ſur la neceſſité de la grace pour faire le bien, ſur la ſainteté ou juſtice inherente, ſur la reſurrection des morts, ſur le Baptême, ſur l'Extrême-Onction, ſur les effets du Sacrement de Confirmation, & même en quelques endroits ſur la divinité de J. C. quoy-qu'il l'établiſſe nettement dans quelques autres.*

Si V. E. Mgr, avoit marqué ſes raiſons ſur tous les endroits qu'elle ſe contente d'indiquer à la marge, j'aurois fait tout mon poſſible pour la ſatisfaire ſur chaque article en particulier. Elle indique par exemple ſur le premier qui regarde le peché originel, *Rom. 5. v. 12.* mais il ſuffit d'expoſer à V. E. la Note entiere, afin qu'elle juge par elle-même s'il y a quelque choſe à reprendre dans cette Note qui tombe ſur *in quo omnes peccaverunt.* J'ay traduit, *tous ayant peché en luy*, & j'ay mis dans la Note L. *dans lequel tous ont peché, ſçavoir dans Adam*; c'eſt le ſens que la plûpart des Interpretes donnent à la particule ἐπὶ, *que Photius & quelques autres Commentateurs expliquent par* quatenus, *c'eſt-à-dire*, en ce qu'ils ont peché, *comme ſi cette particule eſtoit cauſale en cet endroit. Theodoret appuye cette interpretation qui a eſté ſuivie par Pelage. S. Auguſtin l'a combattu, & il s'accorde là-deſſus avec S. Chryſoſtome qui doit eſtre préferé à Theodoret & à Phocius.*

Il n'y a rien dans ma Remarque, Mgr, qui ne ſe trouve en termes formels dans le Commentaire d'Eſtius, & même avec plus d'étenduë; il nomme des Commentateurs forts Catholiques qui ont exprimé la prépoſition grecque ἐπὶ par *quatenus*, ſans qu'ils ayent appuyé le ſentiment de Pelage touchant le peché originel. Comme j'ay fait des Remarques litterales & critiques,

tiques, j'ay dû expliquer les differentes significations qu'on donne à cette préposition grecque. V. E. aura la bonté de considerer que j'ay pris en cet endroit le party de S. Augustin & de S. Chrysostome contre l'interpretation de Pelage : si l'on infere de cette maniere de commenter l'Ecriture, que les Heretiques peuvent s'accommoder de mes Notes, on pourra dire la même chose de tous les Commentateurs exācts qui rapportent les differentes explications de ceux qui les ont precedé.

Comme je ne sçay pas precisément, Mgr, ce que V. E. trouve à reprendre dans la plûpart de ces endroits indiquez à la marge, je la supplie de trouver bon que je ne m'y arreste point, je prendray seulement la liberté de l'avertir qu'il y en a quelques-uns où l'on a mis des Cartons qui ne sont point apparemment dans son Exemplaire, sur Ephes. 2. 8. Ephes. 2. 10. & Hebr. 8. 10. On lit dans la Note sur ce dernier où l'on a mis un Carton : *Je leur donneray des loix & la grace necessaire, afin qu'ils les retiennent & les observent.*

Je n'ay pû comprendre, Mgr, comment les Heretiques pouvoient s'accommoder de cette Note qui est sur l'Epistre premiere aux Corinthiens, Chap. 15. ℣. 21. *La suite fait voir qu'il faut entendre cela de la resurrection des fideles, laquelle selon les Hebreux est la veritable resurrection.* Celuy qui a dressé les Memoires pour vostre Ordonnance a voulu apparemment faire croire au Public que je revoquois en doute la resurrection des méchans ; mais pourquoy dissimule-t'il que j'ay établi ailleurs clairement & distinctement leur resurrection, qui n'est pas proprement resurrection, puisqu'ils ne ressuscitent que pour souffrir éternellement, au lieu que la resurrection des justes est appellée proprement resurrection, parce qu'ils ressuscitent pour joüir d'une vie heureuse & éternelle ? Mais sans sortir du Chapitre 15. de l'Epistre aux Corinthiens, peut on rien voir de plus précis touchant la resurrection des méchans, que cette Note qui est sur le verset 51. *Il s'agit icy du changement des justes qui seuls ressuscitent veritablement pour joüir d'une vie heureuse & immortelle, au*

 lieu

lieu que les méchans ne ressusciteront que pour souffrir éternellement.

A l'égard de la divinité de J. C. j'ose dire à V. E. Mgr, qu'il n'y a point de Version du N. T. où elle soit si fortement établie & contre les anciens & contre les nouveaux Ariens que dans la mienne; j'y ay même expliqué plusieurs endroits d'une certaine maniere, que ceux qui entendent cette matiere s'appercevront facilement que d'une même main j'appuye la divinité de J. C. & je détruis les fondemens du Socinianisme : j'en donneray à V. E. des exemples quand il luy plaira, & elle connoistra par ce moyen que Mrs de P. R. qui de leur propre aveu ont employé trente ans à composer leur Traduction du N. T. ne sont pas éloignez en plusieurs endroits des explications qui fortifient les sentimens des Antitrinitaires, tant il est difficile d'atteindre cette perfection que demande l'interpretation des Livres sacrez. Ces mêmes fautes se trouvent dans la nouvelle édition de la Bible Françoise de M. de Sacy, qui a esté revûë & examinée par plusieurs sçavans Theologiens de Paris, sur le témoignage desquels V. E. a accordé sa permission ou approbation. Je n'avance rien, Mgr, dont je ne puisse vous donner des preuves évidentes quand vous le jugerez à propos.

La premiere de mes Notes dont les Heretiques peuvent s'accommoder contre la divinité de J. C. est selon vostre Ordonnance, Mgr, sur le Chapitre 2. ℣. 11. de S. Matthieu, où il est parlé des Mages qui se prosternerent devant l'Enfant Jesus. Il est dit dans cette Note sur le mot *se prosternant*, c'est la *maniere de saluer qui estoit en usage dans une bonne partie de l'Orient*, & plusieurs Peuples l'observent *encore aujourd'huy à l'égard de leurs Rois. Voyez cy-dessus* ℣. 2. On lit sur le ℣. 2. Le mot d'*adorer* signifie en general dans l'Ecriture, *se mettre à genoux* ou *se prosterner devant quelqu'un :* mais quand il est appliqué à Dieu, il signifie une veritable adoration.

Il n'y a rien dans ces deux Notes, Mgr, qui ne soit orthodoxe & qui ne se trouve dans les plus sçavans Commentateurs Catholiques. A l'égard de la premie-

re

re, laquelle est indiquée seule à la marge de l'Ordonnance, elle est prise presque mot pour mot de la Bible Françoise imprimée à Anvers en 1534. & 1541. J'ay rapporté cette remarque de la Bible d'Anvers dans ma Preface, pag. 35. Cette Version Françoise qui est de toute l'Ecriture a esté imprimée sans Note dans la même Ville en l'année 1530. avec le Privilege de Charles V. qui est aussi dans les deux autres éditions, où l'on a joint des Notes aux marges; & il est marqué dans le Privilege, que cette Bible Françoise *a esté lûë & visitée par les Inquisiteurs & Theologiens de Louvain.*

Au reste, Mgr, je demande pardon à V. E. si je prens la liberté de luy representer que celuy qui a recueilli les Memoires pour son Ordonnance, paroist souvent trop décisif en matiere de Religion; l'Eglise n'a rien décidé sur le fait dont il s'agit. François Luc de Bruges dont le témoignage doit estre d'un grand poids, dit seulement qu'il est vray-semblable que la divinité de J. C. a esté connuë à ces Mages; & il ajoûte en même temps qu'on ne peut inferer cela de la proprieté du verbe *adorer*, qui ne signifie de luy-même autre chose que s'incliner devant quelqu'un pour qui l'on a un profond respect. *Non est dissimile vero*, dit ce sçavant & judicieux Commentateur, *Magis his Christi deitatem cognitam fuisse: verùm id adorare verbum statuere haud potest, quod sive Latinum, sive Græcum, sive Hebraïcum spectes Etymon, nihil amplius quàm simplicem venerationem ex vi sua notat.* M. Huré qui est estimé de V. E. n'a pas osé décider que les Mages ayent adoré l'Enfant Jesus comme Dieu, il se contente d'un *peut-estre*; & la raison qu'il en apporte, c'est qu'on ne sçauroit pas prouver du verbe grec προσκυνῆσαι & du latin *adorare*, qu'ils l'ayent veritablement adoré comme Dieu, *fortè ut Deum; sed non id sequitur ex verbo προσκυνῆσαι adorare, quod usurpatur, cùm etiam homo hominem veneratur.*

Pour ce qui est des autres endroits, Mgr, indiquez à la marge de vostre Ordonnance, comme ils ont esté tirez de l'Evangile de S. Jean, je me contenteray de dire à V. E. que les premiers mots de cet Evangile sont comme la pierre de touche où l'on connoist les sentimens d'un Commentateur sur la divinité de J. C. Or dans les Notes que j'ay faites sur le premier & sur le second Verset du Chap. 1. je n'établis pas seulement en termes précis la divinité de J. C. mais je détruis aussi les fondemens du Socinianisme sur le mot *le Verbe.* J'ay observé que *l'article qui est dans le Grec, & que j'ay aussi exprimé dans le François, marque selon S. Chrysostome un verbe ou une parole par excellence, & non pas la parole des hommes, soit interieure, soit exterieure.* De plus sur le mot *au commencement*, que les Unitaires accommodent à leur sens par diverses subtilitez qui se trouvent tant dans leur Catechisme que dans leurs autres Livres, j'ay fait cette remarque, c'est-à-dire, comme l'explique Nonnus, *ἄχρονος, avant le temps & avant la creation du monde*, c. d. *de toute éternité. C'est le sens que S. Chrysostome donne à ce mot* au commencement, *conformément à l'Ecriture qui l'explique de cette maniere en d'autres endroits pour marquer l'éternité; en sorte que S. Jean fait voir par cette expression que le Verbe par qui toutes choses ont esté faites, est de toute éternité aussi-bien que son Pere.* Cela, Mgr, est décisif & précis contre les Sociniens.

Je lis encore à la marge de ce même endroit de vôtre Ordonnance, Mgr, que je ne releve point les Vers. 30. & 38. du Chap. 10. de S. Jean: *Mon Pere & moy nous sommes une même chose, afin que vous croyez que le Pere est en moy & que je suis dans le Pere*; quoi-que ce soient les plus forts passages pour prouver la divinité de J. C. Si je n'ay point fait de Notes, Mgr, sur ces deux endroits, c'est que dans le titre de mon Livre je ne me suis engagé qu'à faire des remarques litterales & critiques sur les principales difficultez: or j'ay trouvé ces passages si clairs que je n'ay pas crû qu'il fût necessaire de faire aucune remarque dessus, non plus que sur plusieurs autres endroits de cette sorte. Par exemple, je n'ay fait aucune Note sur ces autres paroles de J. C. Matth. 28. ℣. 20. *Allez donc enseigner toutes les nations, les baptizant au nom du Pere, & du Fils, & du saint Esprit*; parce que je les ay trouvé tres-claires & sans aucune ambiguité. Pourroit-on conclure de là, Mgr,

Mgr, que les Antitrinitaires pourront s'accommoder de mon silence?

Je suis encore obligé, Mgr, de m'expliquer sur cet autre endroit de vostre Ordonnance, où vous dites du Traducteur de Trévoux : *Il réduit l'avantage du celibat aux commoditez qu'il y a de vivre sans femme, & hors des embarras du mariage :* ce sont les paroles de sa Note sur le Chap. 7. de la premiere aux Corinth. ℣. 1. *& par là il contredit les Peres & les Interpretes, & dégrade le celibat qu'ils ont tous regardé comme un état de plus grande perfection & plus meritoire devant Dieu ; ce qu'ils ont soûtenu contre les Heretiques.*

Il est vray, Mgr, que dans ma Note marquée dans vostre Ordonnance, je dis que S. Paul loüe le celibat, à cause des commoditez qu'il y a *de vivre sans femme & hors des embarras du mariage.* Mais je n'ay rien dit qui ne se trouve expressément dans S. Paul même, au ℣. 28. de ce Chap. Voicy ses paroles : *Ces gens-là qui se marient auront à souffrir en leur corps.* Dans ma Note sur cet endroit j'ay fait cette observation : *Saint Paul marque par là les incommoditez qui accompagnent le mariage, & qu'il appelle les afflictions de la chair.* Tout mon crime donc consiste dans mon silence, pour n'avoir fait aucune Note sur les avantages du celibat. Permettez-moy de demander à V. E. si de mon silence on peut inferer que je contredis les Peres, & que je dégrade le celibat : si cela est, Mgr, le P. Amelotte n'est pas moins coupable que moy, car il a fait plusieurs remarques sur ce Chap. & il n'a pas dit un seul mot des grandes perfections du celibat. Sur le ℣. 28. qu'il traduit : *Les personnes mariées souffriront de l'affliction de la chair*, il a fait cette Note : *Les maux en sont tels que S. Augustin dit, que ce seroit une tres-grande folie de s'y exposer, n'estoit la crainte de l'incontinence.* J'ay dit quelque chose de plus que ce sçavant Prestre de l'Oratoire : car dans ma Note sur le Vers. 7. de ce même Chap. je reconnois que la continence est un don de Dieu, ce qui montre que le celibat est un état de perfection.

Je suis persuadé, Mgr, que si vostre Eminence avoit

vû le carton qu'on a fait sur le Chap. 1. de S. Luc ℣. 34. elle n'auroit point dit du Traducteur de Trévoux *dans sa Note sur ces paroles de la tres-sainte Viege à l'Ange :* Je ne connois point d'homme. *Il détruit ou affoiblit du moins la preuve que les Peres ont tirée de ces paroles pour établir la pureté de la sainte Vierge, & le vœu qu'elle avoit fait d'une virginité perpetuelle.*

Quand même on n'auroit point mis de carton sur cet endroit, il me seroit facile de justifier ma remarque par l'autorité d'Euthemius un des plus savans Commentateurs qui soit parmy les Grecs ; ce Commentateur suppose que l'Ange avoit fait entendre à la sainte Vierge qu'elle alloit devenir enceinte, & que c'est pour cette raison qu'elle luy répondit : *Comment cela se peut-il faire, je suis vierge ?* Il remarque dans sa Scholie, par raport à cette interpretation qu'il croit estre veritable & litterale, qu'on trouve dans l'Ancien Testament plusieurs exemples de femmes qui estant steriles avoient eu des enfans, mais qu'il n'y en avoit aucunes de vierges qui fussent devenuës enceintes demeurant vierges : *Nulla virgo ad id usque tempus sine viro conceperat & pepererat.*

C'est par raport à cette interpretation qui m'a paru la plus litterale, Msr, que j'ay traduit au ℣. 31. *Vous allez devenir enceinte.* Il me sembloit que le mot *Ecce* devoit estre traduit de la sorte en cet endroit-là, à quoy la sainte Vierge répond : *Comment cela se pourra-t'il faire, car je suis vierge ?* Cajetan qui fait profession de s'attacher aux interpretations les plus litterales a préferé celle-cy à toutes les autres. Il est vray que Jansenius de Gand rejette cette explication de Cajetan, & il rapporte ces paroles de S. Augustin : *Profectò non diceret, Virum non cognosco, nisi virginem se antè non vovisset.* Mais il ajoûte en même temps qu'on ne peut pas inferer des paroles de la Vierge qu'elle eût fait un vœu de demeurer vierge : *Nec tamen ex verbis Virginis consequitur eam vovisse.* En effet M. Camus Evêque de Beley dans un excellent Ouvrage qu'il a donné au Public sous le titre de *l'Avoisinement des Protestans vers l'Eglise Romaine*, dit page 13. parlant des Protestans : *Ils croyent la perpetuelle virginité de*

Marie,

Marie, doctrine qui ne procede que de la tradition. Holden a dit la même chose dans son Analyse de la Foy. Au reste, Mgr, mon explication qui est purement litterale, n'exclut point ce que quelques Peres ont dit du vœu de virginité ; & si je ne l'ay pas rapporté, c'est qu'en qualité de Scoliaste je me suis contenté d'expliquer une expression generale par une autre plus claire & qui fût entenduë de tout le monde. Nonobstant toutes ces raisons que j'aurois pû alleguer, Mgr, j'ay pris le parti de mettre un carton sur cet endroit ; si V. E. avoit eu la bonté de m'entendre, elle m'auroit trouvé docile & entierement soumis à ses ordres.

Il se pourroit bien faire, Mgr, que le Traducteur de Trévoux auroit donné lieu à V. E. de faire cette remarque dans son Ordonnance : *On ne comprend pas ce qu'il veut dire dans sa Note du Chap. 13. de S. Marc* ℣. *32.* que c'est inutilement que les Apostres font des questions à nostre Seigneur sur le jour du Jugement. *Y a-t-il rien qui regarde davantage le Messie qui doit juger les vivans & les morts que ce grand jour où il doit exercer le pouvoir qui luy a esté donné dans le ciel & sur la terre?* V. E. sçait, Mgr, que les Ariens ont abusé de ce Passage de S. Marc où on lit que le jour du Jugement n'est connu de personne, non pas même du Fils de Dieu, mais du Pere seul. Ma Note n'a esté faite que dans la vûë de répondre aux Ariens ; & de la maniere qu'elle est couchée, elle n'ôte point au Messie la connoissance du Jugement, elle marque seulement que les Apôtres faisoient en vain des questions là dessus à J. C. parce que ces choses là, c'est-à-dire la solution de ces sortes de questions, ne regardoient point la qualité de Messie, n'ayant pas esté envoyé de son Pere pour cela. Estius a remarqué la même chose sur cet endroit, où il dit que J. C. ignoroit ce jour en qualité d'Envoyé de son Pere, ne le sçachant point d'une maniere qu'il pût le reveler aux hommes : *Nempe illud ignorat ut legatus à Patre ad nos missus, neque enim sciebat eo modo ut posset illum hominibus revelare, sicut Legatus de secreto Regis sui quod scit illum nolle patefactum, rogatus potest dicere se illud nescire.*

V. E.

V. E. accuse de temerité dans son Ordonnance le Traducteur de Trévoux dans un point qui paroist estre d'une tres-grande importance. *On comprend encore moins*, dites-vous, Mgr, *la temerité avec laquelle il assure en plusieurs endroits, que cette qualité de Fils de l'homme que J. C. se donne si souvent dans l'Evangile & qui est consacrée par là, ne signifie pas seulement J. C. mais marque aussi l'homme en general.*

Je puis assurer V. E. Mgr, que je n'ay eu d'autre dessein dans cette Note que de concilier ensemble Saint Mathieu, S. Marc & S. Luc, où cette expression se trouve, & qui sont marquées comme paralleles dans nostre édition latine. Loin d'affoiblir ce passage à l'égard de l'autorité que J. C. a sur le Sabbat, j'ay marqué expressément cette autorité dans ma Note sur ces paroles de S. Marc Chap. 2. ℣. 27. *Le Sabbat a esté fait pour l'homme, & non l'homme pour le Sabbat.* J'y declare en termes formels que J. C. a pû en qualité *de Messie*, corriger le Sabbat. Ne croyez pas, Mgr, que la Note qui est condamnée de temeraire dans vostre Ordonnance vienne de l'école de Socin, comme quelques-uns le pourroient croire. De sçavans Commentateurs qui ont écrit long-temps avant que Socin fût au monde, ont esté encore plus avant que le Traducteur de Trévoux ; ils croyent que par *le Fils de l'homme*, tant dans saint Mathieu, que dans les deux autres Evangelistes, il est mieux d'entendre *l'homme en general*, que J. C. ils appuyent leur sentiment sur ce que cette explication est conforme à ces autres paroles qui precedent dans S. Mathieu Chap. 12. ℣. 7. *Si vous sçaviez ce que veut dire, J'aime mieux la misericorde que le sacrifice*, outre qu'elle est confirmée par saint Marc Chap. 12. ℣. 28. Le celebre Tostat qui est encore aujourd'huy l'admiration des Sçavans à cause de sa vaste érudition, principalement dans la science des Livres sacrez, est du nombre de ces Commentateurs. Voicy, Mgr, les paroles de cet illustre Evêque Espagnol dans son Commentaire sur saint Mathieu Chap. 12. ℣. 8. *Potest intelligi de Christo qui vocatur Filius hominis, vel potest accipi Filius hominis pro quolibet homine, scilicet Filius hominis, id est,*

homo

homo quilibet est Dominus Sabbati, quia potest illud violare licitè quando sibi expedierit propter aliquam necessitatem suam, sicut Dominus potest imperare servo quod sibi expedit ; & iste est melior sensus primo, quia iste convenit litteræ isti, Si sciretis quid est Misericordiam volo, &c. 2° patet, quia iste sensus ponitur Marci 2. Rob. Estienne dans sa nouvelle Glose ordinaire imprimée en 1553. est de ce même sentiment sur le Chap. 12. de S. Mathieu ℣. 8.

L'endroit de vostre Ordonnance, Mgr, qui m'a surpris le plus est celuy où V. E. m'accuse d'avoir favorisé dans ma Note sur le ℣. 10. du Chap. 9. de l'Epistre aux Rom. *la doctrine de la premiere proposition condamnée* par les Constitutions des Papes Innocent X. & Alexandre VII. d'aller même jusqu'à l'erreur des Calvinistes rigides, en disant ; *Que Dieu comme Maistre absolu a pû rejetter les Juifs quand même ils n'auroient point esté coupables.*

J'ay assez fait connoître dans la pluspart de mes Ouvrages, Mgr, que j'ay toûjours eu en horreur cette doctrine, & que je l'ay regardée comme une impieté Mahometane ; je supplie V. E. de considerer que je suppose avec de tres-sçavans Commentateurs, qu'en ce lieu-là il ne s'agit point de la predestination & de la reprobation, mais de la vocation à la grace de l'Evangile. Je suppose de plus dans mon Ouvrage des graces generales que Dieu fait à tous les hommes, il s'agit icy d'une grace speciale. Or Dieu estant le Maistre absolu il a pû rejetter les Juifs & appeller les Gentils en leur place ; ce qui m'a fait preferer cette explication, Mgr, c'est que toute la suite du discours de S. Paul, qui attribuë cette vocation à la toute-puissance de Dieu & à sa pure volonté, semble aller là : ma Note est au dessus de toutes les hypotheses, & on ne la peut condamner qu'on ne condamne les bons Thomistes, & par consequent elle ne peut estre favorable, ni aux Jansenistes, ni aux Calvinistes rigides. Si cette explication, ou quelqu'autre qu'on pourroit apporter ne suffit pas, je suis tout prest de retracter publiquement ma remarque, tant j'ay d'horreur pour ces impietez Mahometanes.

Je vous avouë, Mgr, que je ne comprens pas bien ce que

que dit V. E. que je renouvelle par ma Note sur le ℣. 7. du Chap. 5. de la premiere Epître de S. Jean, l'atteinte que j'ay donnée dans mes Histoires Critiques du N. T. *à ce Verset d'où l'Eglise prend une de ses preuves pour l'unité des trois Personnes divines.* Je ne me souviens point, Mgr, d'avoir rien avancé dans les endroits que V. E. indique qui puisse donner atteinte à ce Verset qui appuye, dites-vous, l'unité des trois Personnes: J'ay remarqué seulement, selon les loix ordinaires de la Critique, sans dogmatiser, que le passage dont il s'agit, ne se trouve point dans un tres-grand nombre de manuscrits grecs, ni dans les plus anciens manuscrits latins; c'est un fait qui ne peut estre contesté. Aprés ces remarques j'ajoûte qu'on le doit conserver, tant dans les exemplaires grecs que dans les latins, comme estant authentique. Il s'en faut bien, Mgr, que j'aye esté si avant sur ce sujet que les PP. Jes. du College de Louis le Grand, dans un petit Ouvrage qu'ils publierent l'année derniere contre un Professeur Arminien d'Amsterdam. Ces RR. PP. s'expliquent sur ce passage fort nettement en ces termes pag. 41. *S'il s'estoit contenté de montrer que le Verset dont il s'agit est tres-douteux, & qu'il n'est pas hors d'apparence qu'il a esté inseré dans le texte, d'autant plus qu'il semble n'avoir point de liaison avec ce qui precede, & que d'ailleurs les premiers Peres de l'Eglise ne l'ont point cité, qu'on ne le trouve point dans les anciens manuscrits grecs & latins, je n'aurois rien à luy dire, trop de gens prendroient sa défense.*

A Dieu ne plaise, Mgr, que j'accuse ces sçavans Theologiens de la Compagnie de Jesus d'avoir voulu donner atteinte à ce Verset d'où l'Eglise prend une de ces preuves de l'unité des trois Personnes divines: il y a de l'apparence qu'ayant à disputer contre un Socinien, ils ont pris cette sage précaution pour ne pas donner occasion à leur adversaire de leur faire des objections qu'ils auroient eu de la peine à resoudre. Pouvois-je apporter, Mgr, rien de plus autentique pour autoriser le passage dont il est question, que le jugement de quelques sçavans Critiques de Rome assemblez exprés par l'ordre du Pape Urbain VIII. pour fixer & arrester

arrester une édition grecque du N. T. laquelle servit comme de regle ? On avoit imprimé à Rome avec l'autorité du S. Siege l'édition grecque des Septante sur un manuscrit tres-ancien avec des Notes critiques, plusieurs souhaitoient de voir une édition semblable du N. T. grec pour sçavoir à quelle édition on devoit s'en tenir.

Enfin, Mgr, vostre Ordonnance reproche au Traducteur de Trevoux qu'*il y a des expressions si basses & si indignes de la majesté de l'Ecriture, qu'elles suffisent toutes seules pour faire condamner son Ouvrage*. Je veux bien supposer cela avec V. E. mais je la supplie en même temps de considerer que ces expressions basses sont dans les Notes, & qu'ainsi elles n'ostent rien de la majesté de l'Ecriture: il est quelquefois necessaire pour exprimer la force de certains mots & les faire mieux entendre, de se servir d'expressions & de comparaisons qui sont en usage parmi le peuple. On ne peut douter, Mgr, qu'il n'y ait dans l'Ecriture plusieurs hyperboles & plusieurs façons de parler proverbiales: les Theologiens qui n'y font pas assez d'attention trouvent souvent des difficultez en de certains endroits où il n'y a aucune apparence de difficulté, comme sur ces passages du Chap. 12. de S. Matthieu : *Si les miracles qui ont esté faits dans Tyr, &c. Si les miracles qui ont esté faits chez vous avoient esté faits dans Sodome, &c.* On forme dans les Ecoles à l'occasion de ces paroles de grandes questions sur la prédestination, mais il paroist que ce sont des expressions hyperboliques; c'est sur ce pied-là que j'ay avancé que c'est comme si l'on disoit populairement en nostre Langue pour exagerer la stupidité de quelqu'un : *Si j'avois dit cela à un cheval, il l'entendroit.* V. E. ajoûte, Mgr : *Ces grandes paroles de J. C. en S. Jean Chap. 23. Nous viendrons à luy & nous ferons chez luy nostre demeure, perdent par sa Note toute leur force & leur sainteté.* On parle de Dieu, *dit-il*, comme d'un grand Seigneur qui va loger chez ceux qui sont affectionnez à son service. *Peut-on expliquer d'une maniere plus basse cette promesse de J. C. si sainte, si mysterieuse & si élevée ?* S'il y a de la bassesse dans cette expression, Mgr, elle ne doit pas m'estre attribuée: car j'ay pris cette pensée dans S. Grégoire

goire le Grand qui explique de la même maniere ces paroles de J. C. & l'Eglise a en quelque façon adopté cette explication qui se trouve dans son Office du jour de la Pentecôte.

Je ne m'arresteray pas aux autres expressions qui sont marquées comme basses dans vostre Ordonnance, il suffit qu'elles ne sont pas inserées dans le texte de l'Ecriture; elles n'ont esté mises dans les Notes que pour faire mieux entendre par des locutions communes & populaires ce que de certains mots signifient. Si c'est un défaut, il estoit facile d'y remedier en les retranchant; aumoins ce ne sont point des choses qui induisent à l'hérésie, ni des matieres de censure. Je suis persuadé, Mgr, que lorsqu'il plaira à V. E. d'y faire attention, elle me rendra justice sur tout mon Ouvrage, ayant esté muni de tout ce qui estoit necessaire selon les loix reçûës dans le Royaume. Vous sçavez mieux que personne, Mgr, qu'on ne peut legitimement accuser un Auteur, lorsqu'il a l'approbation des Docteurs qui sont les veritables garants de son Livre. En quoy donc, Mgr, ay-je prévariqué? ay-je ajoûté ou changé quelque chose dans la copie qui a esté approuvée? Le Censeur Royal qui a approuvé pour M^r le Duc du Maine & pour M^r le Chancelier, a témoigné le contraire.

Je prens la liberté, Mgr, de dire à V. E. que les Docteurs qui ont revû & approuvé mes derniers Ouvrages imprimez à Paris, ne m'ont jamais trouvé opposé en quoy que ce soit à leurs sentimens; de quelque opinion qu'ils aient esté, je les ay laissé les maistres de les retoucher & de les corriger selon qu'ils le jugeroient à propos. Feu Monsieur l'Archevêque de Paris ne me regardoit pas comme un homme suspect & dont le nom portoit avec luy le reproche, lorsqu'il chargea trois sçavans Docteurs de lire mon dernier Livre imprimé à Paris en 1695. Ils luy en firent leur raport, & ils luy témoignerent qu'ils n'avoient jamais vû d'Auteur plus soumis. Le P. Goudin, Prieur du Grand Convent des Religieux de S. Dominique, estant tombé malade & se voyant prés de la mort, envoya son approbation à Monsieur de Paris par deux de ses Religieux, & il y joignit une Lettre

tre où il marquoit à cet illustre Prelat qu'il rendroit un grand service à l'Eglise s'il m'obligeoit de travailler à une nouvelle édition de mes Histoires Critiques, parce qu'il y avoit peu de Theologiens Catholiques qui sçûssent assez exactement ces matieres, & qu'on estoit souvent obligé d'avoir recours à des Ecrivains Protestans. Oserois-je dire à V. E. que peu de temps aprés qu'elle fut élevée à l'Archevêché de Paris, elle eut la bonté d'envoyer M. le Febvre, aujourd'huy Sousprecepteur de Mgrs les Princes, me dire que je l'allasse voir, & qu'elle se souvenoit des petits services que je luy avois rendus en luy apprenant les premiers commencemens de la Langue Hebraïque; elle ne me regardoit pas alors comme un homme suspect. Il y a peu d'années que M. l'Abbé de Beaufort en qui V. E. a une entiere confiance, me proposa de travailler à une Version de toute la Bible sur les Originaux. Je luy marquay librement les difficultez insurmontables que je trouvois dans le plan qu'il m'avoit tracé, parce qu'elle vouloit absolument que cette Version fust sans Notes; ce que je ne voyois pas pouvoir faire sur tout à l'égard de l'Ancien Testament, la Langue Hebraïque estant remplie de mots obscurs & équivoques qui ont par consequent besoin de quelque éclaircissement. Qu'ay-je fait depuis ce temps-là, Mgr, pour que mon nom soit devenu suspect?

Je me vois encore obligé, Mgr, de dire à V. E. que M. Bouret qui a revû ma Version du N. T. & mes Notes, a témoigné à tout le monde qu'il estoit tres-satisfait de moy. Avant ce temps-là je ne luy avois jamais parlé: c'est V. E. qui l'a nommé à Monsieur le Duc du Maine pour estre un des Reviseurs des Livres qui s'imprimeroient dans sa Souveraineté de Dombes. Des quatre que vostre Eminence nomma avec Monsieur l'Evêque de Meaux à ce Prince, le Libraire pouvoit-il en choisir un qui fust plus capable que ce sçavant Docteur qui professe depuis long-temps l'Ecriture sainte en Sorbonne, & qui s'applique entierement à son employ?

Enfin, Mgr, supposé qu'il y ait un grand nombre de fautes dans ma Version du N. T. ne pouvoit-on pas

les

les corriger ces fautes, ou en mettant des cartons, ou dans une seconde édition, comme l'on a corrigé celles du P. Quenel dans l'édition de 1699 ? Ni le Censeur Royal, ni l'Auteur n'ont point refusé de se soumettre à V. E. ils ont demandé seulement qu'on leur fist la grace de les entendre. J'espere qu'elle fera reflexion sur toutes les raisons que j'ay pris la liberté de luy representer & qu'elle me rendra justice. Mais quelque chose qui puisse arriver, je la supplie de croire que je n'en feray pas moins soumis à ses ordres. Je suis avec un tres-profond respect,

MONSEIGNEUR,

De Vostre Eminence

Le tres-humble & tres-obéïssant serviteur,
R. SIMON.

Le 12. Octobre 1702.

www.ingramcontent.com/pod-product-compliance
Ingram Content Group UK Ltd.
Pitfield, Milton Keynes, MK11 3LW, UK
UKHW020220180726
13838UKWH00005B/2101